Adaptation : Sophie Koechlin.

Maquette : Célia Gabilloux.

Édité par Hachette Livre : 58, rue Jean Bleuzen – 92178 Vanves Cedex
Imprimé par Estella Graficas en Espagne – Achevé d'imprimer : avril 2021 – ISBN : 978-2-01-785855-3 – Édition 05 – Dépôt légal : juin 2017.
Loi n° 49-956 du 16 juillet 1949 sur les publications destinées à la jeunesse.
Pour tout renseignement concernant nos parutions, nous contacter par e-mail : disney@hachette-livre.fr
Pour l'éditeur, le principe est d'utiliser des papiers composés de fibres naturelles, renouvelables, recyclables et fabriquées à partir de bois issus de forêts qui adoptent un système d'aménagement durable. En outre, l'éditeur attend de ses fournisseurs de papier qu'ils s'inscrivent dans une démarche de certification environnementale reconnue.

Disney Princesses

Blanche-Neige et les Sept Nains

hachette
JEUNESSE

Il y a bien des années, un roi épousa en secondes noces une femme aussi belle qu'orgueilleuse. Lorsqu'il mourut, elle régna sans partage, ne s'occupant guère de sa belle-fille, une princesse nommée Blanche-Neige.

Craignant qu'un jour, la beauté de sa belle-fille n'éclipse la sienne, **elle l'obligea à se vêtir de haillons** et à travailler comme servante au château.

Chaque jour, elle interrogeait son miroir magique.

– Miroir, mon beau miroir, qui est la plus belle de ce royaume ?
– Tu es la plus belle, ô Reine ! répondait-il toujours.

Mais un matin, le miroir change de discours…
– Tu es fort belle, ô Reine. Cependant, malgré ses haillons,
la princesse Blanche-Neige est beaucoup plus belle que toi !
Furieuse, la souveraine manque de briser l'objet magique en menus morceaux.

Pendant ce temps, Blanche-Neige s'occupe
de ses nombreuses corvées, sans que rien
ne parvienne à altérer sa joie de vivre
ni sa beauté. Elle chante en espérant qu'un jour,
un prince tombera amoureux d'elle
et la délivre de sa condition.

Le soir venu, la souveraine ourdit un plan
et convoque le chasseur.

– Demain, conduis Blanche-Neige dans les bois
et tue-la ! exige-t-elle. Si tu ne me rapportes pas
son cœur dans ce coffret, tu mourras.

Terrifié, le malheureux s'incline.

Le lendemain, pour son seizième anniversaire, la Reine fait porter une jolie robe à Blanche-Neige. Puis le chasseur l'emmène, mais une fois dans la forêt, il ne peut la tuer.

– Pardonnez-moi, Princesse ! s'écrie-t-il. **Jalouse de votre beauté, la Reine veut votre mort.** Sauvez-vous le plus loin possible et ne revenez jamais !

Effrayée, Blanche-Neige s'enfuit au plus profond de la forêt. À la nuit tombée, elle a l'impression que les branches crochues des arbres cherchent à la capturer tandis que des centaines d'yeux luisants la guettent ! **À bout de forces, elle s'évanouit.**

À l'aube, les chants des oiseaux l'éveillent et une foule d'animaux joyeux vient gentiment la saluer.

– Je crois que je me suis perdue… leur dit-elle. **Où pourrais-je m'abriter ?**

Sans hésiter, ses nouveaux amis l'entraînent vers une paisible clairière ensoleillée. Au milieu se dresse **une jolie chaumière.**

– Qui habite cette adorable maison ? se demande Blanche-Neige.

D'un pas léger, elle s'approche et frappe à la porte.
Comme personne ne répond, elle finit par entrer.

– **Quel désordre !** s'exclame-t-elle à la vue de la vaisselle sale, du linge abandonné et de la poussière. Nettoyons tout cela !

À l'autre bout de la forêt, les Sept Nains travaillent dans **leur mine de diamants.** Vers la fin de la journée, leurs estomacs commencent à gargouiller.

– Fini pour aujourd'hui, les enfants ! décide Prof, qui est leur chef. Rentrons à la maison !

Tous ramassent leurs outils et le suivent à la queue-leu-leu. Derrière Prof marchent Grincheux, Joyeux, Dormeur, Timide, Atchoum et Simplet.

– **Hé ho, hé ho, on rentre du boulot !** chantent-il en chœur.

Pendant ce temps, Blanche-Neige découvre **sept petits lits de bois** alignés dans une vaste chambre.

– Simplet, Atchoum, Grincheux… lit-elle sur leurs montants gravés. Quels drôles de noms pour des enfants !

Puis, fatiguée par sa journée, elle souffle sa bougie, s'allonge et s'endort.

Dès qu'ils entrent dans la chaumière,
les Sept Nains se figent, suspicieux.
– Quelqu'un est venu ici ! dit Prof.
Regardez, on a balayé et fait les carreaux !

– La vaisselle est propre et la table est mise !
s'étonnent Joyeux et Atchoum.
– Tout ça ne me dit rien qui vaille…
grogne Grincheux.

Là-haut dans la chambre, un bruit les fait sursauter.
Bravement, Prof monte l'escalier, ouvre la porte
et pousse un cri.

– **Qu'est-ce que c'est que ça ?**
murmure Joyeux.

– C'est une jeune fille, chuchote Prof.

– C… comme elle est b… belle ! bredouille Timide.

Grincheux est le seul à pester !
– Les filles sont du poison, croyez-moi !
s'exclame-t-il, ce qui réveille Blanche-Neige.
– Oh, mais **vous n'êtes pas des enfants !**
Bonsoir, Messieurs. Je m'appelle Blanche-Neige.
Enchantée de vous connaître !

Puis elle raconte son histoire. **Attendris par son malheur,** les Sept Nains décident de l'héberger chez eux.

– Nous veillerons sur toi ! promet Prof.

– Et moi, je m'occuperai de la maison, dit Blanche-Neige en descendant l'escalier. D'ailleurs, la soupe est prête, il est temps de dîner.

Alléchés par la délicieuse odeur, les Sept Nains se précipitent pour s'installer à table.

– Non, non, non. **Allez d'abord vous laver les mains,** leur dit Blanche-Neige. Toi aussi, Grincheux. Sinon, tu n'auras rien à manger !

– Ah, les filles... Je vous l'avais bien dit ! soupire Grincheux.

Au même instant, la Reine interroge à nouveau son miroir.

– Miroir, mon beau miroir, qui est la plus belle de ce royaume ?

– **Blanche-Neige,** qui vit dans la chaumière des Sept Nains au cœur de la forêt, **est plus belle que jamais !** répond l'objet.

La Reine comprend aussitôt que le cœur rapporté
par le garde-chasse n'est pas celui de la princesse.
Folle de rage, elle descend dans les caves
du château et ouvre son laboratoire secret.
Là, elle consulte ses grimoires afin de créer
un poison fatal. Mais d'abord,
elle doit changer elle-même d'apparence…

Pour vieillir, la recette est simple :
une pincée de poussière de momie, trois poils de souris blanche, une cuillère de bave de crapaud, une feuille d'ortie, trois gouttes de fruit pourri, de la cendre et de la suie. Une fois le philtre prêt, la Reine le verse dans un verre et le boit sans hésiter.

La transformation est stupéfiante !
Changée en vieille femme au nez crochu,
aux mains griffues et aux yeux globuleux,
la Reine est désormais méconnaissable...

– Et maintenant, fabriquons le poison ! dit-elle
à son corbeau qui, terrifié, n'ose même plus la regarder.

Après le dîner, loin de se douter du funeste projet de la souveraine,
les Sept Nains fêtent l'arrivée de Blanche-Neige.
Grincheux s'installe à l'orgue, Timide joue de l'accordéon,
Prof de la guitare et Dormeur de la flûte. Quant à Simplet,
juché sur les épaules d'Atchoum, il invite la princesse à danser !

Au château, la Reine trempe une belle pomme dans un chaudron fumant. Une fois le fruit imprégné du poison maléfique, l'horrible femme ne peut s'empêcher de ricaner :

– Dès que Blanche-Neige l'aura croquée,
elle s'endormira pour toujours.
Alors, je serai de nouveau la plus belle !

Le lendemain à l'aube, les Sept Nains partent travailler.
Pour les encourager, Blanche-Neige donne à chacun d'eux un baiser.

– À ce soir ! leur dit-elle avec un sourire.
– **N'ouvrez à personne, Princesse !** On ne sait jamais, la Reine est très rusée… recommande Prof.

Bien cachée, la Reine regarde les Sept Nains s'éloigner.
Enfin, elle se dirige en clopinant vers la chaumière.

– Les belles pommes ! **Qui veut mes belles pommes !**
Une pomme, ma jolie ? dit-elle en s'approchant de la fenêtre ouverte.

Blanche-Neige hésite, un peu surprise et effrayée par l'apparence de la vieille femme. Les animaux de la forêt, eux, ont reconnu la Reine ! Très inquiets, ils l'attaquent aussitôt. Sans comprendre leur colère, la jeune fille les chasse et **fait entrer la marchande.**

– Asseyez-vous, ma mère. Je vais vous donner de l'eau… dit-elle gentiment.

L'air épuisé, la vieille boit l'eau goulûment.
– Merci, ma belle enfant ! En échange de ta bonté, **je te donne le plus beau de mes fruits,** dit-elle ensuite en tendant la pomme empoisonnée à la princesse.

Affolés, les animaux foncent vers la forêt avec l'espoir de rattraper les Nains à temps.

Hélas ! Dans la chaumière, Blanche-Neige a saisi la pomme.

– Fais un vœu et mange-la, insiste la Reine qui se fait passer pour une fée. Grâce à ce fruit magique, tous tes rêves seront réalisés !

Sans méfiance, la princesse croque dans le fruit.

L'effet est immédiat : foudroyée par le poison, **elle s'effondre sans vie** sur le sol.

– Et voilà ! s'écrie la Reine en riant méchamment. Ça y est ! Cette fois, je suis de nouveau la plus belle du royaume !

Et, sans un regard pour Blanche-Neige, elle se hâte de sortir de la chaumière.

Alertés par les animaux, les Sept Nains débouchent au même instant dans la clairière. En tête, Grincheux aperçoit **la sorcière qui s'enfuit.**

– La voilà ! Vite ! Ne la laissons pas filer ! hurle-t-il à ses frères.

Dans le ciel courroucé, de gros nuages lourds laissent éclater l'orage.

Poursuivie sans répit, l'horrible femme atteint une falaise abrupte. Mais arrivée au bord d'un précipice, furieuse, elle se retourne et **tente de faire basculer un énorme rocher** sur ses poursuivants !

– Attention ! Écartez-vous ! prévient Grincheux.

Immédiatement, ses compagnons se dispersent.

– Je vais tous vous écrabouiller ! menace la sorcière.

Le ciel en décide autrement : brusquement, la foudre frappe le rocher ! **Déséquilibrée par le choc,** la terrible Reine tombe en hurlant au fond du précipice.

Lorsqu'ils rentrent chez eux, les Sept Nains trouvent Blanche-Neige inanimée. Le cœur brisé, ils décident de la porter dans la clairière, la couvrent de fleurs et commencent à la veiller. Or **un jeune prince,** qui chevauche dans la contrée, passe tout près de là…

Aussitôt, il met pied à terre et s'approche
de l'autel où repose la princesse.

– Une si belle jeune fille ! Quelle tristesse…
dit-il avant de se pencher pour
l'embrasser, le cœur épris.

Sans le savoir, **il brise ainsi
le maléfice** de la défunte Reine…

… et Blanche-Neige, délivrée, ouvre les yeux
avant de lui sourire !

Émerveillé, le prince la fait monter sur son coursier.
Tout autour d'eux, **les Sept Nains
se réjouissent à qui mieux mieux !**

– C'est le plus beau jour de nos vies !
déclare même Grincheux.

– Au revoir et merci, mes chers amis !
leur dit Blanche-Neige après avoir promis
de les inviter à son mariage.

Puis le prince l'emmène dans son royaume où,
elle le sait, **elle vivra désormais
heureuse et aimée de tous !**